AF193546

LOS ATORMENTADOS

Un jurado compuesto por

Eloy Sánchez Rosillo, Aurora Luque,
Julio Martínez Mesanza, Enrique García-Máiquez,
Carmelo Guillén Acosta y *Amalia Bautista*

concedió a este libro
el PREMIO ADONÁIS 2023

MARÍA PAZ OTERO

LOS ATORMENTADOS

ADONÁIS

692

EDICIONES RIALP

Madrid

© 2024 *by* María Paz Otero
© 2024 de la presente edición,
by Ediciones Rialp, S.A. - Manuel Uribe 13-15 - 28033 Madrid
ISBN (edición impresa): 978-84-321-6673-0
ISBN (edición digital): 978-84-321-6674-7
ISNI: 0000 0001 0725 313X
Preimpresión: www.produccioneditorial.com
Depósito Legal: M-1158-2024
Printed in Spain - Impreso en España

Anzos, S. L. - Fuenlabrada (Madrid)

*A todas las personas que generosamente
comparten conmigo sus historias
y me enseñan a mirar.*

De momento abro los ojos
y dejo a mi piel ser tocada
y si escribo
será porque tuve el valor
de nombrar las cosas por su nombre.

YOLANDA PANTIN

HABLAR DE LO EXTRAÑO

*Había tierra en ellos y
cavaban.*

PAUL CELAN

I. LOS ATORMENTADOS

NO hay comprensión posible para los Atormentados,
o quizás ellos se entiendan unos a otros
y sea el lenguaje suyo aquel que guarda la clave,
o la mirada tan profunda que sostienen,
o tal vez su forma frágil de estar en este mundo.
Me aproximo a ellos con cuidado,
como el sol cuando se cuela sigiloso en la mañana
y separa uno a uno
los hilos densos de la noche.
Los observo.
Unos ríen con su risa tan pura, con tan blanquísima
risa que una siente rígidos
los músculos de su rostro. Otros lloran y entonces se
    acercan
los unos a los otros, no se tocan, pues el espacio
de quien sufre
es un templo sagrado y nunca debe estropearse
ese derecho último.
Aman, olvidan, sufren. Hablan poco, pero creo que
    comprenden
más que el resto. Escuchan más o acaso lo correcto,
    entienden

la importancia del silencio.
Rezan a un Dios que desconozco,
bajo la luna le rezan y Dios no les contesta, pero ellos
insisten porque a Dios, que es tan confuso, ellos
    acceden tal vez
más fácilmente. Y son respetuosos, y tranquilos,
y me preguntan *qué tal* cuando los miro.
El tiempo es diferente para los Atormentados.
No es más rápido ni más lento, pero tiene una forma
distinta y a veces se paraliza solo para ellos. Se
    escurre entre sus dedos,
se deja acariciar como un galgo que, asustado,
se acerca al conductor que para en la carretera.
Están en todas partes y en ninguna. Son invisibles
    y a la vez
son luminosos, con colores rojos y azulados pasean
    junto a mí,
suspiran pensativos, atentos a los suyos y tan lejos,
tan lejos de mí y tan misteriosos.

II. CAPGRAS

UN rostro sin afecto no es un rostro.
Una madre sin amor no es una madre, es una extraña.
Pero el dolor de la madre sí existe y yo lo veo:
se multiplica y se expande, se traga la luz,
nos arrastra.
En la penumbra él la mira, pero no la reconoce,
y a pesar del sufrimiento trata al rostro
incierto con cuidado. Lo interroga,
intenta comprender lo inexplicable.
La extrañeza: una grieta imperceptible, un sendero,
y al final sus ojos azules, agotados,
cálidos como nidos y profundos.

III. UNA BESTIA SOLITARIA

DE repente su cansancio,
que antes era suyo solamente,
se acerca sigiloso, se me adhiere,
se adapta a mí como un molusco
que en la roca resiste
el oleaje feroz que lo golpea.
De repente qué cansada estoy, qué cansada.
Como si no me respondieran las piernas
y el corazón latiese lentamente, paseo por la orilla
hasta el agotamiento.
Es su sufrimiento el que me cansa. Su sufrimiento
es como un peso en los tobillos, me retiene,
me dobla las rodillas y me mojan las olas,
no puedo retirarme, las algas viscosas bajo el agua
ríen en silencio.
Observo mi piel enrojecida por el frío.
Sobre mi piel la súplica, de plomizo cuerpo,
me arrastra hacia el azul
agudo del océano. Floto, floto, estoy tan sola.
Está tan solo él, lleno de llagas.
Nado para huir de él, de mi cansancio. Me sumerjo.
Escuecen mis ojos bajo el agua. Nada veo

salvo sombras.
Algo cerca de mí avanza despacio. Me hago la muerta.
Su dolor es una bestia solitaria.

IV. EN LA SOMBRA

NO hablaré de mí en este poema.
Tampoco de mis amantes, ni del tiempo.
No hablaré de esta tarde rota de febrero,
ni del agua densa que a veces me sostiene,
y me aquieto boca arriba y olvido este dolor
de estómago y de alma.
Usaré mis letras finas para hablar
de aquellos viejos locos olvidados
que fueron enterrados por el tiempo y por las sombras.
Busco las palabras. Aprieto con fiereza
el boli y me hago daño. No encuentro la manera
de nombrar lo inenarrable. Y de pronto un sollozo o
un suspiro: prueba de la verdad que quería concederles.
Se va haciendo de noche en mi escritorio. Ellos se
    ponen de pie,
uno a uno. Agarran las bandejas y en el comedor
    hacen la fila.
Se alimentan. No esperan mi poema
ni el de nadie.

V. ACTIVISMO

UN paciente está atado a una cama.
Ambos brazos ambas piernas un tórax.
La psiquiatra mira con angustia el forcejeo:
se va a hacer daño, piensa.
Fuera el día es gris y pasan coches niños perros
todo tan ajeno
al sufrimiento del enfermo y a su furia.
Mientras la medicación va haciendo efecto
ella recuerda cuando ataron a su abuelo
cuando la gente denuncia cuando
en las noticias de la 3
reclaman denuncian reivindican
el cese de una violencia que ella ejerce
no por gusto, no, por ese beneficio
invisible que se ignora.
Por fin se queda dormido, ambos agotados,
y ella se retira lentamente
se arranca pensativa los padrastros
una punzada en la garganta en el pecho
la ausencia de otra solución posible
y un juicio un insulto una sentencia
que resuenan en la calle y la atraviesan.

VI. INGENUA, CREYENTE

A Cristina Díez-Alegría

COMO un pescador observa, distraído, la lejana orilla,
sin saber que ahí bucea la pesca deseada,
así la miro yo, sin saber que, aunque extienda mis
    muñecas,
con las manos al final, con cada dedo,
no podré rozar ni su leve camisón,
ni el pensamiento, ni su voz siquiera
de río vaciado.
Por eso, una y otra vez, a pesar de las sombras,
del peligro que acecha detrás de cada junco,
me adentro ilusionada, los ojos nuevos, despejados,
en la montaña temible de laderas inclinadas.
La llamo por su nombre y me devuelve
un eco moribundo a modo de respuesta. Doy luz a
    los lugares oscuros,
aparto los ramales
que entorpecen el camino, trato de abrirme paso
    entre la niebla.

Nadie me habló de la fuerza de las olas. De tan
     terribles criaturas.
De que es imposible algunas veces
levantar *"Un dique contra el Pacífico"*.
Por eso, mientras exista
una mínima posibilidad de que me oigan,
     mientras sea joven
y con fuerza luche en inefables batallas,
esperaré por ellos en la orilla, lanzaré mi caña,
me quedaré ciega de buscar, con estos ojos nuevos,
la cura que quizás exista solo si la invento,
si creo en ella,
como existe Dios para quien así lo quiere
y se vuelve inaccesible,
transparente quizás,
inverosímil,
si se niega.

VII. EL PROFESOR DE HISTORIA

CON delicado gesto pasea por la calle.
Tan delgado como un junco,
camina entre la gente el amable,
viejo ya, también cansado, profesor
de historia de la Complutense.
Personas, coches, pájaros de ciudad...
Todos los adornos que conforman el paisaje
resultan ante sus ojos
ajenos e inasibles. La vida pasada apenas la recuerda:
como un astro fugaz se desvanece
y no cree haber sido aquel que habita en su memoria.
El futuro no le existe tampoco. La esperanza permanece
más allá del horizonte, reservada para otros.
Y el ahora... ¡Ah! El ahora como un espejo absorbente
se traga la luz y se la niega.

VIII. PSICOSIS

BUSCA pensativo las palabras,
explora en su interior, en el recuerdo,
mas no logra expresar lo sucedido.
No hay letras que abarquen el misterio, acaso un gesto
    leve,
una mirada, que como el mar abarque
mil vidas relucientes,
podría expresar el brote,
el suave filo azul de sus fragmentos.
¿De qué lugar del mundo provenían las voces?
¿A qué parte de él se dirigían?
Ahora, después de la inyección y la terapia,
queda un eco frío, un silencio.
Sus puños apretados en la mesa
atrapan su verdad y la sostienen.

VOCES DE SILENCIO

*Somos jóvenes, y no sentimos
piedad por los silencios que han pasado;
tenemos miedos de otros, miedos que
podrían distraernos de los nuestros.*

GABRIEL FERRATER

IX. ECO

APRENDÍ su gesto de memoria
pues con él trataba de decirme
lo que no encontraba yo, tan torpe, en su silencio.
Era un rostro sereno, como es sereno el dolor
de las estatuas tristes,
de las mujeres que observan obligadas
el cuerpo atormentado de los hijos.
Él siempre supo que no sabía escuchar
tan abundante tromba de silencio,
y, aun así, con manos plenas, con hondísimos ojos
de generosidad inmensa, se sentaba frente a mí y me
    compartía
aire de su aire, tiempo de su tiempo.
Pasaron días. Días lluviosos y tristes. También días
    alegres
en los que él bajaba al huerto o pintaba dibujos
o paseaba animado por las zonas comunes,
y ni en esos días supe yo
hallar en el silencio el grito sofocado,
en su imagen la verdad que se escondía,
en el cuerpo mío el eco suyo
reverberando oculto entre nosotros.

X. SECO EL FRUTO

¿ES posible que su alma,
que fue tierna como la pulpa
de un fruto de verano,
vuelva a palpitar como lo hacía?

No es el brillo, solo, lo perdido.
También el agua y la luz, aquello que dota
de vida a lo que vive. Su alma está a oscuras y se
    seca ante mis ojos,
como una apagada flor
que marchita en el fondo de la grieta.

Silenciosamente le cojo de las manos.
Le ofrezco mi silencio, se lo entrego. Mi duda,
    que como una vela
se prende entre las sombras, se alza entre
    nosotros y le muestra
a él mi rostro, inexperto, terso aún y sonrojado,
y a mí el suyo, surcado por el tiempo y un dolor
que sin nombre se apodera de su gesto.

Se levanta lentamente, abre la puerta,
oigo sus pasos, cansados, que se alejan,

y en la silla vacía, todavía caliente, queda
el potencial de su existencia, lo que fue,
la olvidada voz
que un día a alguien entregara,
la risa sepultada, los ojos que no temían,
como ahora,
a ser deshabitados por la luz.

XI. K'ENCHA
(expresión que significa mala suerte)

SU grito
    por las hijas que dejó
    atrás en Bolivia

Su grito
    por el marido que hace tiempo que la pega

Su grito
    porque no aguanta a la Señora
    y su fingida simpatía

Su grito
    porque solo ella
    conoce aquel secreto. Y del secreto
    brota tanta ira

Su grito
    por la culpa, dice, y la vergüenza

Su grito tantas veces enterrado. Su grito
naranja e incandescente. Su grito y los ojos que
    lo miran.

Su grito es una mata
de pelo en la garganta.
Su grito grita siempre en tono débil. Su grito casi
siempre es un suspiro. Su grito hace que lloren las
    hijas.
Su grito es una torta del marido. Un grito y la Señora
la despide, y no puede enviarles más dinero.
Su grito
por la culpa, dice, y la vergüenza,
está prohibido.

XII. BLOQUEO DEL PENSAMIENTO

HAY un espacio detrás de la palabra,
como una cáscara de huevo vaciada,
como el hueco que un niño forma con sus manos
para que el abuelo deje en ellas, con cuidado,
una cría de pájaro.
No es un silencio, ni una pausa. No es una
conjunción no dicha, ni un punto y seguido
ni una frase oculta en el paisaje.
Es un bloqueo al que no accedo, una ruptura,
una grieta profunda en la roca y un delgado dedo
que no logra introducirse. Lo veo en su rostro,
y en la luz que se hace espesa en la consulta.
En el aire enrarecido, en la amenaza, en los labios
        fruncidos
y las manos recogidas en los puños. Nos miramos,
el hueco se ensancha y se ennegrece,
entre él y mi mundo se levantan
muros de cristal inaccesibles.

XIII. EL INCENDIO

BROTA de él la voz. Voz de lava,
voz espesa que avanza sin idioma.
Ríos de lava lo recorren
y me alcanzan. Arde el paisaje en mis ojos
reflejado.

Todo lo incendia su voz.

Sus palabras,
hogueras imperiosas.

Sus palabras,
ardiendo en la madera.

Sus palabras,
rojizas, calurosas, y mis manos
que intentan recogerlas,
abrasadas se vuelven inservibles.

Abre su boca y entre sus labios asoma,
como una pantera tras la rama,
su lengua de fuego poderosa.

Desprende un calor insoportable.
Su voz, que un día fue canción, acertijo,
piropo tierno que se acuesta en el oído,
hoy es un incendio en el océano
que sorprende a los incrédulos bañistas.

Pasadas unas horas, el humo es el silencio.
El paisaje en mis ojos reflejados
es negro como el mundo de los ciegos.

Su voz de magma acumulado, espesa, antes tan
    espesa y ahora
reducida a volátiles cenizas,
se va posando así, en mis ojos,
en mi labio incompetente,
en mi nariz.

No veo, no hablo, no respiro.
Él tampoco habla. Callados los dos, callamos.

Y tras nosotros queda el bosque tembloroso
y entre nosotros una zanja entre los montes.

XIV. TODO LO OBSERVA DIOS

SE aproxima silencioso. Yo lo miro.
Trae su dolor y su búsqueda,
su búsqueda insaciable de aquello que le falta. Su dolor
y también sus ilusiones. Ilusiones que guarda
con cuidado entre las manos. Ilusiones que arropa.
Ilusiones que incuba y alimenta. Las sumerge
con cariño bajo el agua. Les da calor como si fuesen
crías diminutas sin la madre.
También la euforia y el miedo, inseparables,
como siameses unidos por el tronco, o por la boca,
me son ofrecidas con impecable cuidado.
Diligente y pulcro y asustado
se me acerca. Muy serio. Su rostro está tan serio
y blanco como el azúcar. Es blanda la carne
que rodea los ojos. Sus ojos, sus ojos también me
    los presta.
Parece que en ellos
Dios ofrece explicaciones. Todo lo observa Dios
a través de sus ojos. No juzga, no pide nada a cambio.
Se aproxima más. Noto su aliento de agradable
    aroma, dulce
como los higos, manso como el aliento

de grandes animales
que tumbados permanecen a la sombra.
Su mejilla roza mi mejilla. Está tan cerca.
Su pelo cae sobre mi frente,
su oreja contra mi oreja como una caracola.
Me enseña el mar su oreja, caracola pura. Escucho en ella
las olas, los niños que en la orilla chapotean,
la madre con las piernas soleadas, el padre riguroso.
Su llanto está enterrado por la arena.
Acallado, sutil, casi olvidado.
Se aleja silencioso y entonces lo comprendo:
el ruido está enterrado junto al llanto
y no es lo mismo el silencio que la ausencia
ni su dolor es esto que yo escribo.

XV. NOCHE DE GUARDIA

ME mira silenciosa en la butaca,
sus ojos son grisáceos como los nidos de alondra.
    Yo miro lo conocido:
el otro suplicante poniéndose en mis manos,
y mis manos deshilando
el tormento que me ofrece. Su respiración,
galopante como una yeguada
de caballos salvajes, resuena en mis sienes y en la
    sala de urgencias.
Yo estoy cansada. Busco entre nosotras el ángulo
    luminoso,
el lugar donde se filtra la blancura, la forma de calmar,
-o hacer más tenue- el sufrimiento,
y nada de eso hallo. Tan solo plumosas aves
en sus ojos. Duras hierbas armadas con cuidado.
    Un calor pegajoso
donde acunar al miedo dulcemente.
¡Es tan imponente la altura de esos nidos!
Tan profundos sus ojos inclinados, silenciosos
campanarios sin ventanas,
guardianes de avecillas tembladeras.

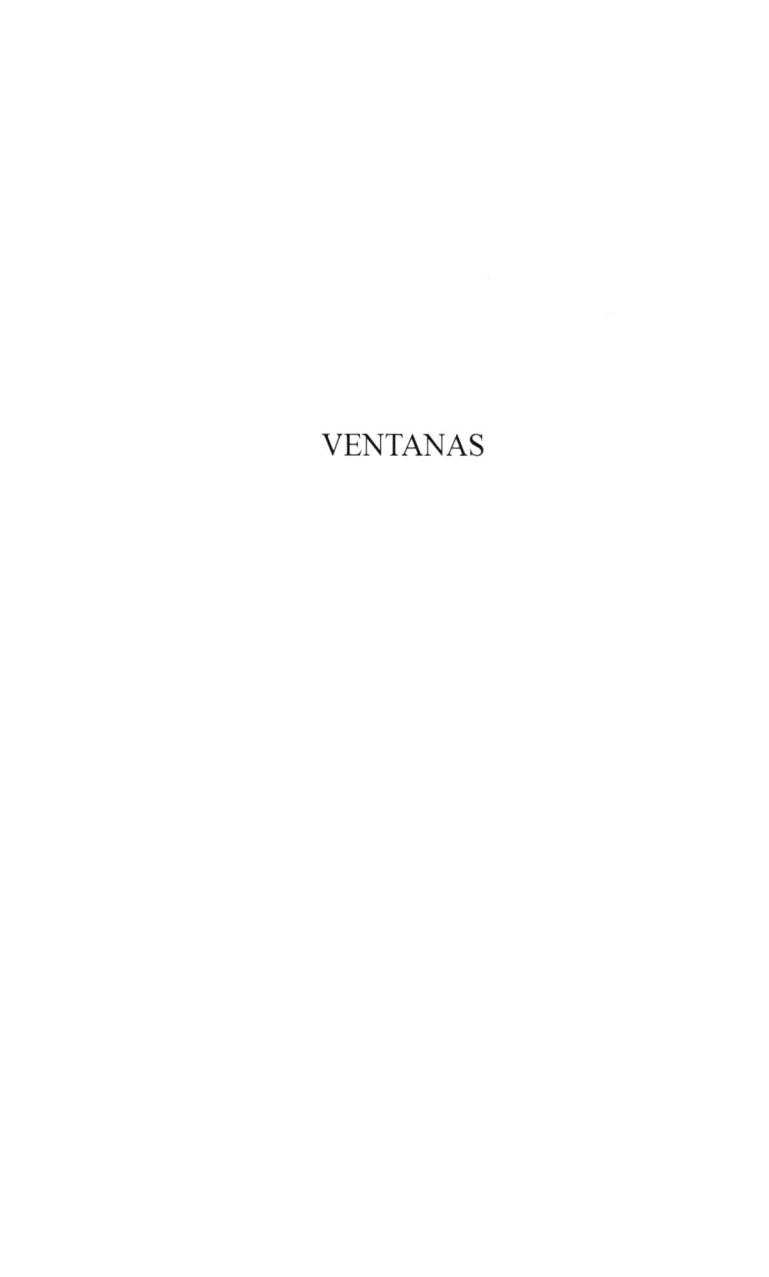

VENTANAS

En seguida ¡plaf! los curiosos, como les llama ella,
se asoman a la ventana de enfrente, del patio. Los curiosos.
Algo así como los ovnis, los curiosos.

LEOPOLDO MARÍA PANERO

XVI. PARÁLISIS

YA no disfruta del mar como solía. Ahora el niño
se sujeta la cabeza cuando se acerca la ola,
o grita o insulta a su hermana
o se golpea el pie contra una roca
si por despiste no fijan
el freno metálico de la silla.
La gente los observa.
Primero a ella y sus arrugas
—más de las que uno esperaría por edad,
por el resto sutil de su apariencia—
y luego miran al niño y lo comprenden.
Tenía que ver el mar,
todos esos peces veloces de colores,
piensa mientras se acerca
poco a poco a la orilla.
Fueron unos segundos en el parto, por qué poco,
el cordón atravesado,
no pudieron hacer nada.
Hunde la cabeza y la saca veloz,
no lo pierde de vista, y al contemplarlo
en la silla ya pequeña, con las ruedas enterradas
        por la arena

y la crema protegiendo el cuerpo rígido,
la lágrima salada vuelve al mar que la sumerge,
y el sol velado, y los niños que bucean,
contemplan el dolor que como un huevo
se incuba con el paso de los años.

XVII. EL EMBALSE

LA estructura es frágil. Apenas se sostiene.
Por eso los vecinos la observan preocupados:
temen que, en invierno, cuando el viento sople
o haga frío, su piel final de polilla se deshaga
y el abrigo azul no le sea suficiente.
Debajo de la prenda están sus brazos
finos como juncos. Está el corazón tenaz, el plano vientre,
los pausados y rítmicos latidos,
las rodillas, los muslos, los pechos diminutos
y blancos como almendras.
En el portal se abrocha los botones,
camina entre la luz generosa de la tarde,
se pierde entre la gente que ha salido
con motivo del buen tiempo y el jolgorio,
y cuando cae sobre ella
el peso de la mirada huidiza, del susurro,
sus párpados violáceos se pliegan débilmente,
y abrazan el llanto gris
como un muro de hormigón junto al embalse.

XVIII. LA VIOLISTA

LA reconocí al instante desde lejos. Vestida de negro,
el brazo firme sosteniendo la viola. Tan distante como
  entonces,
tan delgada, con su mirada ligera
firme sobre el director de orquesta.
Recuerdo sus clavículas, la angustia
que ofrecía en la consulta, cómo se tapaba con la manta.
Entonces me habló de las voces, de su miedo,
de ese miedo al que llamábamos *monstruo,*
criatura salvaje, y cómo cada día tratamos de escapar
  juntas
de todos esos seres tremendos e insondables.
Me habló también de su dolor. Un dolor pesado, pegajoso,
tan adherido a ella que costaba separarles,
un dolor gimiente.
Hoy su dolor es esta pieza que llega a mis oídos,
me inunda con su creación perfecta,
expone mi emoción y me la arranca.
Soy suya en mi butaca.
Su belleza destaca entre el resto de instrumentos. Sus
  callosos dedos,
tantos días apoyados en la mesa, repasando el tratamiento,
hoy vuelan como veloces abejas sobre las cuerdas.
El cuello contraído, apoyada la mejilla en la madera,
se tensa la comisura del labio reducido.
Termina la obra. La gente se levanta y ovaciona.
Ella cierra los ojos y en mi mirada,

que llorosa observa cómo inclina la cabeza,
se cuela de nuevo el rostro de sus voces, la negrura del
    dolor
que arrastra bajo el traje, el roto pensamiento que
    vaga sin piedad
por tan inexplorables pastizales de sombra.
Yo no aplaudo.
La poca fuerza mía se la ofrezco.
El público abandona satisfecho. Ella y yo nos quedamos
sin mirarnos, frente a frente,
y a través del telón gaseoso que se cierra
veo sus ojos tristes
asediados por dragones.

XIX. NIEVE VIRGEN

DESAPARECIDO el hijo
no hubo nunca más días de verano.
No hubo helados a la tarde, ni paseo en barca,
ni leer el periódico cerca del estanque.
No hubo más el observar a los niños en el césped,
ni mirar a los cachorros persiguiendo a las palomas,
no hubo calma.
Los días fueron fríos desde entonces.
Como si el calendario saltase de febrero a noviembre
y el año durase apenas cuatro meses,
se abrigaba siempre y aguardaba
a que el hijo apareciese. Todo fue desde entonces
    anhelo sobre el anhelo,
un sollozo mecido en la mirada, un infierno
por el que pasear descalzo
con los pies sobre escarcha permanente.
Nunca volvió a verlo. Sus ojos y sus dedos siempre
    quietos,
oxidados al lado de la ventana,
y allá fuera el mismo invierno de siempre,
siempre la nieve virgen sin pisadas.

XX. LA BARRA

SENTADA. Las manos agarrando
la jarra de cerveza. La cabeza gacha,
la vergüenza.
Fuera hace frío y corretean los niños.
No demasiado lejos, sus hijos,
ya en la casa, hacen los deberes
y preparan el almuerzo. *Un trago.*
Levanta los ojos y otros cuerpos,
obesos algunos,
otros flacos y patéticos,
se apilan junto a la barra.
Todos están cansados y en silencio. Se comprenden.
Otro trago.
Otro trago y el alivio,
que es un ser cálido y diminuto y efímero,
como una sombra se sienta junto a ella,
la acaricia, por un momento
envuelve entre sus faldas
el corazón que late tristemente.
Y cuando el final del vaso se aproxima inevitable,

como cuando cae el sol
templado en la ladera,
sus tristes ojos sin luz la miran con desprecio
y es su promesa otra vez solo una cáscara.

XXI. FRAGMENTOS

*Y lograr que la vida se meta
dentro de sí mismo.*

El yo dividido. Ronald Laing

UN telón se ha desplegado
entre él y sus vivencias. Es negro y áspero y grueso
como la piel de los toros. Infranqueable se yergue
como un enorme muro
que le separa sin piedad de su pasado.
Su yo está dividido: parte de él
se encuentra oculto, inaccesible; la otra parte
se experimenta a sí misma como un ser fragmentado.
Es terrible su vivencia del mundo, el mundo
ya no es para él ese lugar amable, ese lugar que ofrecía
flores y arroyos y variados y tan vivos colores.
Como los muertos bajo tierra,
sus recuerdos, unos encima de otros, se intuyen al
      otro lado:
no laten ni susurran ni respiran,

pero ocupan su lugar y se mantienen, siempre atentos
al ser que un día fue dueño de todos,
protagonista de esa vida fraccionada.
Tiene miedo, pero también le fascina
lo que se halla al otro lado. Por eso es común que
    acaricie
la tela ennegrecida, que admire la textura, que trate
    torpemente
de cuidarla. Y cuando un día cualquiera, por
    ejemplo, un martes fatigoso,
tiene valor para intentar apartarla,
tras el telón se amurallan imágenes de otro tiempo
y una oscura habitación inhabitable
vaciada de eco y de memoria.

XXII. UN PASEO

CAMINAN los tres por Ciempozuelos. Religiosamente
la madre y el padre van a visitarlo.
El hijo no habla, ya desde hace años, pero sus ojos
    susurran
canciones suficientes.
Se les ve pasear cada domingo, la gente
del pueblo los conoce.
Y si llueve, o el frío les impide, o si alguno de los tres
anda resfriado, entonces se quedan dentro, a resguardo,
y miran por la ventana cómo el tiempo se enlentece.

Forman los tres un cuadro indisoluble.
Son de pequeña estatura, de enjutos labios,
llevan los tres el pelo corto. Visten siempre
de oscuro los dos hombres, a ella le gustan más
las blusas de colores, en verano se compran
cada uno un helado. Cuando los veo así, con su
    caminar templado y
el rostro relajado, casi alegre,
me pregunto qué dolores guardarán en el alma. Qué
    recuerdos,

cómo fue el primer ingreso, si caminaron
    también, los tres juntos,
por la planta.
Apoyada en la ventana los observo despedirse.
Un beso fugaz en la mejilla
al hijo silencioso bajo el porche
pone fin a un día como tantos:
un día que, apilado sobre otros,
se diluye ante mí y a nadie importa.

XXIII. LA CUIDADORA

Para Elena

QUÉ palabras. Qué palabras he de darte para situar
aquello que te estorba en cada sitio.
¿Existe acaso el sitio de las cosas? Ese árbol, ¿está
    donde debiera?
Qué palabras calmarían la agonía,
te harían recordar lo que inasible
queda en tu memoria.
¿Existe acaso tal cosa? ¿La memoria?
Quizás son las historias que te cuentas, no el archivo,
y tal vez cada vez se reformula, pues no existe ya más
aquel recuerdo.
Qué caricia. Cómo darte mi caricia desde lejos.
Compartir derrotadas la derrota. Hablarte de mis miedos:
en mí también la luz
solo encuentra las tinieblas.
Qué. Dime. Qué te digo que te acerque al mundo.
A ti, que tan perdida te me muestras.
A ti, que no respondes mis preguntas.

A ti, querida mía, quién te cuida.

VIDAS DE ALGÚN OTRO

Y todo esto es metáfora.
Una mano común y corriente -deseosa sólo
de tocar algo
que a su vez tocara.

ANNE SEXTON

XXIV. UNA COLCHONETA EN MEDIO
DEL OCÉANO

CLARO está que el negro
no es el único color de la locura. Al contrario.
La locura es elegante, cuando la luz la atraviesa,
como al mar, tan oscuro en el fondo, tan temido,
sus miles de colores surgen en la superficie.
Clara está su inteligencia. La locura es una estricta
maestra de astrofísica. Incomprensible
casi para todos.
Nos aterra, claro está,
porque es un animal que nunca vimos
y a quien le suponemos larguísimos colmillos,
terribles mordeduras venenosas. Clara está
también nuestra ignorancia. Lo poco que
        conocemos. Nos deslumbra
cada vez que se nos muestra. Es difícil, fatigosa,
        no se deja
acariciar tan fácilmente. Está claro que los sabios
miles de años trataron de explicarla,
y aun así nada sabemos. Está claro.
Claro está que sólo quien la lleva dentro
es capaz de conocerla, ser su amigo.

El resto sólo caminamos en el borde.
Asomamos la mirada al precipicio.
Respiramos a veces de su aire.
Si hay algo que está claro, es que cuando una observa
la locura desde lejos, fascinada, la soberbia impide ver
que la frontera no existe
y una puede aparecer, sin percatarse,
en una colchoneta en medio del océano
ya para siempre lejos de la orilla.

XXV. SUICIDIO

OTRA muerte. Tal vez
el comienzo de otra vida.
La decisión última de saltar
a otros lugares, de emprender
el sinuoso camino
que lleva hacia el descanso.
El cuerpo suspendido en el aire,
vivo todavía unos segundos, y luego, poco después,
inerte. Una imagen inmóvil rodeada de edificios,
un rostro que era de alguien,
unas manos que horas antes sostenían
un tazón de leche, un billete de metro, el rostro de
    otra joven…
ahora yacen frías, ocultas por el polvo,
y entre ellas la vida se desliza
como entre las cañas el lomo de la serpiente.

XXVI. EL DORMITORIO

CONDENADO está su cuerpo a la tristeza.
Su boca, su piel, sus ojos transparentes
dormitan en la sombra.
Entró el dolor como la llave que, oxidada,
forcejea con la puerta y finalmente la abre
con un golpe brutal, en estallido. Se abrió paso
        entre sus poros
y en su rostro blanquísimo, en los pliegues
        minuciosos que lo forman,
fue introduciendo el moho, acolchando los recodos,
maleando el gesto lentamente.
A su lado, mientras tanto,
el marido le susurra cosas al oído. Rescata del pasado
        aquella luz, pone su mano caliente en el cabello.
Así pasan los días, agolpados,
como si no cupieran ya en el calendario. La imagen
        se repite:
una imagen fija en la habitación oscura
en la que se ven dos cuerpos,
uno siempre tumbado, el otro de rodillas,
y entre ambos el pesar del tiempo y la impotencia.

XXVII. DE SU ROSTRO

EL gesto de la paciente
era un paisaje rocoso.
Mi boca no supo qué decirle.
Mi mano fue a rozar la suya
y la suya se apartó violentamente.
Mucho tiempo estuvimos en silencio.
Su mirada me guio serena
por intransitables pendientes inclinadas
y allá arriba, después de andar despacio
entre los pastos secos del pasado,
me mostró lagunas tan profundas
que ni al negro de la noche se parecen.

XXVIII. LA PSIQUIATRA

RESULTA más fácil escribir de amor
que hablar en el poema de los Atormentados.

El amor es mucho más sencillo: puedo incorporar las
        flores, los pájaros alegres
que veneran
tu nombre con su canto,
explorar tu belleza como si en una cueva me adentrara
fascinada, temerosa, con las manos teñidas
de tembloroso deseo.
Puedo si escribo de amor escribir sobre aquel puerto,
hablar de tu boca diminuta y suficiente, de estrellas
        moribundas
que a tu paso
renacen y te envuelven e iluminan
tus pechos detallados.

Sin embargo, para hablar de ellos debe una
tratar de sentarse en la sombra.
Entornar los ojos, buscarlos entre todos los posibles,
entender que su existencia pesarosa,

se encuentra mas se esconde entre los otros, y es
    fría y tenue
la luz que los envuelve.

Tienen los Atormentados la carne más frágil. Su piel
no les protege suficiente del mundo. Debe una, si
    los roza,
hacerlo con cuidado, y al recoger su palabra con las
    manos
debe cuidarla como al canto del jilguero, escuchar
    atentamente,
no interrumpir el discurso
con aburridas palabras pretenciosas.

También hablan entre ellos los Atormentados.
    Murmullan por los pasillos,
en la sala común ríen y comparten
sus certeras opiniones sobre el mundo. Su juicio es
    sincero, apenas mienten
los Atormentados, o acaso lo hacen menos.
Si te tienden la mano quieren que la tomes. Si te
    miran, si de pronto te miran,
si tú los miras y os miráis, y se dilatan las pupilas, y
    no se asustan,
es posible entrar, si ellos lo quieren,
en el agrietado búnker de su alma.

El alma de los Atormentados no es oscura, ni
    siquiera opaca,
es más bien gelatinosa, casi transparente,

se parece su alma al cuerpo de la medusa. Y yo
    creo en el alma porque creo
en el alma de los Atormentados.
Es más fácil de ver que la del resto, más
    palpable, se encuentra menos
protegida por el cuerpo.

Si te cuento, amor, de los Atormentados, te hablaré
de los humanos imposibles. De sus pasos lentos,
    pues el tiempo a veces
para ellos se detiene. De cómo usan su lenguaje
    disgregado,
de cómo se impone la luz en su mundo solitario.

No están siempre tristes los Atormentados. Al
    contrario. Son alegres muchas
veces, a veces son felices y uno los puede ver,
    apocados, sonriendo,
y nunca se ha visto antes sonrisa tan virgen,
tan cosa nueva en el mundo, tan acertada.

Sin embargo, hay tanto que no sé de los
    Atormentados...

Cómo es posible que amen de tal forma.
Por quién lloran, de dónde brota
tal llanto desconsolado. Un llanto denso como
    leche de la ubre,
un llanto que a las demás personas se le adhiere
con facilidad pasmosa, ¿de dónde nace?

Apenas sé de su mirada. Mirada verde como un prado
en el que el ganado pasta y los muchachos, alegres,
corretean las tardes de verano. Mirada profunda y
    buena y misteriosa.
Mirada toda es su rostro, mirada pura, mirada verde.

Quiénes son realmente.
Cómo aproximarme.
Qué palabra, qué silencio, qué otras cosas.
Qué hacer para que se sientan percibidos, contemplados,
no invisibles.
Qué tormentas libran, qué mágica visión
del mundo y de sí mismos
guardan a conciencia en sus dobleces.
Qué protegen. Qué ignorante yo, enjuta psiquiatra de
    ojos tristes,
pues apenas nada sé de los Atormentados.

                (Tan solo que a mí a veces se me muestran,
                            y me dejo tocar,
                        y a ellos me entrego).

AGRADECIMIENTOS

El día 15 de diciembre de 2023 hacía frío y sol y caminé con mi pareja desde la calle Galileo hasta la Biblioteca Nacional. Resulta difícil reducir los sentimientos que me acompañaron en ese trayecto, pero si hago trampas y los estrujo quizás podrían caber en un inmenso GRACIAS.

A los miembros del jurado, que leyeron mi libro con la sensibilidad con la que escriben, y supieron ver la luz de los atormentados. A la editorial Rialp por creer en las voces jóvenes y despejar nuestras inseguridades con su confianza.

A las personas que me ayudaron a escribir este libro: Cris, que me leyó la primera, como siempre, en un vuelo a Tailandia; Cristina y Bea, que en el chalé de la calle Ponzano me devolvieron la ilusión; Julia y Fede, que con sus consejos endulzaron mi lenguaje; Laura, que con su excentricidad me enseñó a fantasear y a emocionarme con lo escrito, y Piedad Bonnett, que me inspiró sin saberlo el título del poemario.

A mis padres, Luis y Pilar, y a mis hermanos, Ale y Clara, por ser los cimientos y también los pilares sobre los que se construye el resto, y porque gracias a ellos entiendo el valor de escribir *tqt*. A Ara, por tantas cosas que no me caben en estas líneas, pero, sobre todo, por todo lo que nos queremos y por su luz en la oscuridad. A mis amigas y amigos, que son los mejores del mundo. A mi tía Mayte y a mi Abu, que me cuida en el jardín.

A quienes conmigo nadan en el océano en el que flotan las colchonetas y a los que se encuentran lejos de la orilla. A quienes leerán estas líneas y las harán suyas. Y, por último y como no podía ser de otra manera, a las personas que hay detrás de *Los atormentados*, ante quienes me disculpo de antemano por limitar con mis palabras emociones tan complejas.

ÍNDICE

HABLAR DE LO EXTRAÑO

I. Los Atormentados... 15
II. Capgras.. 17
III. Una bestia solitaria... 18
IV. En la sombra.. 20
V. Activismo.. 21
VI. Ingenua, creyente.. 22
VII. El profesor de historia 24
VIII. Psicosis.. 25

VOCES DE SILENCIO

IX. Eco 31
X. Seco el fruto 32
XI. K'encha... 34
XII. Bloqueo del pensamiento 36
XIII. El incendio 37
XIV. Todo lo observa Dios.. 39
XV. Noche de guardia 41

VENTANAS

XVI. Parálisis.. 47
XVII. El embalse 49

XVIII. La violista.. 50
XIX. Nieve virgen.. 52
XX. La barra 53
XXI. Fragmentos del ser 55
XXII. Un paseo 57
XXIII. La cuidadora.. 59

VIDAS DE ALGÚN OTRO

XXIV. Una colchoneta en medio del océano 65
XXV. Suicidio 67
XXVI. El dormitorio... 68
XVII. De su rostro... 69
XVIII. La psiquiatra... 70

Agradecimientos 75

ADONÁIS
COLECCIÓN DE POESÍA

Director: CARMELO GUILLÉN ACOSTA

ÚLTIMOS VOLÚMENES PUBLICADOS:

666.–Marcela Duque: BELLO ES EL RIESGO. (Premio «Adonáis» 2018).

667.–Guillermo Marco Remón: OTRAS NUBES (Accésit del Premio «Adonáis» 2018).

668.–José Alcaraz: EL MAR EN LAS CENIZAS (Accésit del Premio «Adonáis» 2018).

669.–Déborah García: TE DOY EL MAR. (Premio «Alegría» 2019).

670.–Joaquín Antonio Peñalosa: TODAVÍA HAY PRIMAVERA. TODAVÍA (Antología poética). Selección y prólogo de Fernando Arredondo.

671.–Enrique García-Máiquez: MAL QUE BIEN.

672.–María Elena Higueruelo: LOS DÍAS ETERNOS. (Premio «Adonáis» 2019).

673.–Diego Medina Poveda: TODO CUANTO ES VERDAD. (Accésit del Premio «Adonáis» 2019).

674.–Felicitas Casillo: EL CONTORNO DEL ROBLE (Accésit del Premio «Adonáis» 2019).

675.–Carlos Javier Morales: EL CORAZÓN Y EL MAR.

676.–Diego Roel: ANDRÉI RUBLIOV (Premio «Alegría» 2020).

677.–Daniel Cotta: ALUMBRAMIENTO.

678.–Abraham Guerrero Tenorio: TODA LA VIOLENCIA (Premio «Adonáis» 2020).

679.–Marta Jiménez Serrano: LA EDAD LIGERA (Accésit del Premio «Adonáis» 2020).

680.–Rodrigo Olay: VIEJA ESCUELA (Accésit del Premio «Adonáis» 2020).

681.–Ignacio Pérez Cerón: MÁRGENES DE ERROR (Accésit del Premio «Adonáis» 2020).

682.–José Manuel Gutiérrez: PAISAJES DE LA ALEGRÍA.

683.–José María Higuera: PROYECTO DE INTERIORISMO (Premio «Alegría» 2021).

684.–Nuria Ortega Riba: LAS INFANCIAS SONORAS (Premio «Adonáis» 2021).

685.–Andrés María García Cuevas: LAS CIUDADES (Accésit del Premio «Adonáis» 2021).

686.–Félix Moyano: LA DEUDA PROMETIDA (Accésit del Premio «Adonáis» 2021).

687.–Fernando García Moggia: CUÍDATE DEL AGUA MANSA (Premio Alegría 2022).

688.–Luis Escavy: VICTORIA MENOR (Premio «Adonáis» 2022).

689.–Irene Domínguez: PUREZA (Accésit del Premio «Adonáis» 2022).

690.–Lola Tórtola: LOS DIOSES DESTRUIDOS (Accésit del Premio «Adonáis» 2022).

691.–Rubén Martín Díaz: LÍRICA INDUSTRIAL (Premio Alegría 2023).

692.–María Paz Otero: LOS ATORMENTADOS. (Premio «Adonáis» 2023).

Las obras que han obtenido el Premio «Adonáis» aparecen numeradas en negrita.

ESTA PRIMERA EDICIÓN DE
«LOS ATORMENTADOS»,
DE MARÍA PAZ OTERO,
VOLUMEN 692 DE LA COLECCIÓN «ADONÁIS»,
PUBLICADA POR EDICIONES RIALP, S.A.,
MANUEL URIBE 13-15, MADRID,
SE ACABÓ DE IMPRIMIR EN LOS TALLERES
DE GRÁFICAS ANZOS, S.L.,
FUENLABRADA (MADRID),
EL DÍA 29 DE ENERO DE 2024.